ANIMAUX FAMILIERS

MON COCHON D'INDE

Texte de Mark Evans

TRADUIT DE L'ANGLAIS PAR
JEAN DELAMARE

SEUIL

UN LIVRE DORLING KINDERSLEY

Responsables de l'édition originale
Liza Bruml, Jane Coney
Miriam Farbey, Rebecca Johns
Paul Bricknell, Malcolm McGregor

Réalisation de l'édition française
Équipe Graphisme et Illustrés, Seuil,
assistée de Christophe Garnier

Texte de Mark Evans
Traduit de l'anglais par Jean Delamare

Titre original : *Guinea Pigs*

Reproduction en couleurs par Colourscan, Singapour.
Imprimé en Italie par A. Mondadori Editore, Vérone.
Dépôt légal : Octobre 1992. N° 17571
ISBN 2.02.017571-1
(Édition originale : ISBN 0-86318-902-4)

Dorling Kindersley remercie : Peter Gurney ,
Wood Green Animal Shelters,
The Cambridge Cavy Trust, Christopher Howson,
Bridget Hopkinson, Salvo Tomasselli et Lynn Bresler.

Crédits photographiques :
Walter Büchi 12 hg, hd; Steve Shott 25 c.

Aux parents
Ce livre apprend à votre enfant comment devenir le maître affectueux et responsable d'un animal familier. Mais rappelez-vous qu'il aura aussi besoin de votre aide et de vos conseils pour tout ce qui concerne les soins quotidiens de l'animal. Ne le laissez pas avoir un cochon d'Inde si vous n'êtes pas sûrs que votre famille a le temps et les moyens de s'en occuper correctement pendant toute sa vie.

SOMMAIRE

Introduction

Si tu veux devenir un bon maître, la première chose à faire c'est de bien choisir le type de cochon d'Inde qui te convient. Les poils courts demandent moins de soins. Sache aussi que le cochon d'Inde n'aime pas être seul : il t'en faudra au moins deux. Et souviens-toi que, quels que soient leur type et leur nombre, tu devras t'en occuper chaque jour. Pas seulement au début, mais pendant toute leur vie.

Un plein panier de choses dont tu auras besoin

Comprends-les

Tu dois apprendre à bien les connaître. Si tu les prends en mains doucement et si tu leur parles le plus souvent possible, ils te feront vite confiance. Observe-les bien et tu découvriras vite toutes leurs façons de communiquer.

Il flairera ta main pour connaître ton odeur

Prends bien soin d'eux

Tu ne deviendras leur meilleur ami que si tu t'occupes d'eux correctement. Tu devras t'assurer qu'ils mangent bien, qu'ils ont toujours de l'eau et qu'ils prennent de l'exercice chaque jour. Il faudra aussi faire régulièrement leur toilette et nettoyer leur clapier.

Tu devras les brosser tous les jours

Ce que tu peux faire avec eux

Ils sont très actifs. Tu pourras jouer tous les jours avec eux dans leur caisse et dans leur enclos. Si tu veilles à ce qu'ils soient toujours occupés, tu montreras que tu es un bon maître.

Leur jeu préféré : la nourriture cachée

Les gens qui t'aideront

Le meilleur des maîtres cherche toujours à en savoir plus sur ses petits compagnons. Ton vétérinaire te dira comment les conserver en bonne santé et en forme.

Tu devras aller régulièrement chez le vétérinaire

Un accueil en famille

Tes cochons d'Inde, à leur façon, vont devenir membres de ta famille. Chacun voudra les caresser et s'intéressera à ce qu'ils font. Ils peuvent même sympathiser avec tes autres animaux familiers.

Ils vont faire partie de ta famille

Demande à un adulte

Quand tu vois ce dessin, c'est que tu dois demander l'aide d'un adulte.

À ne pas oublier

Il y a quelques règles importantes que tu dois toujours suivre :

- Lave-toi les mains après les avoir caressés ou avoir joué avec eux, et après avoir nettoyé le clapier.
- Ne les embrasse pas.
- Ne leur donne jamais à manger dans ton assiette.
- S'ils dorment ou se cachent, ne les dérange pas.
- Ne les taquine jamais.
- Surveille-les toujours quand ils sont avec d'autres animaux.
- Ne les bats sous aucun prétexte.

Qu'est-ce qu'un cochon d'Inde ?

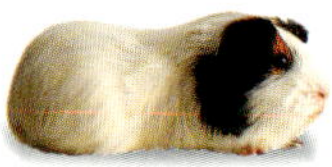

Il n'a absolument rien d'un cochon. C'est un rongeur, et son vrai nom est «cobaye». Les rongeurs ont des dents de devant très pointues qui ne s'arrêtent jamais de pousser. Tous les rongeurs appartiennent au groupe des mammifères. Ce sont des animaux à sang chaud, au corps couvert de poils. Les petits tètent le lait de leur mère.

Petit et dodu
Le cochon d'Inde a le corps rebondi. Ses pattes sont petites : il ne peut ni courir longtemps ni grimper. Son cou est très court et sa bouche tout près du sol, si bien qu'il n'a pas à se pencher pour brouter l'herbe.

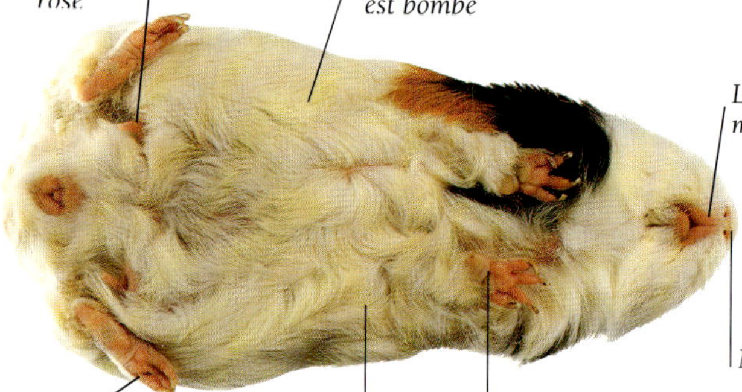

Sous son ventre
Il a un gros estomac où sont digérés les aliments végétaux – si gros que ses pattes de derrière sont écartées sur les côtés. Les dents de devant sont serrées les unes contre les autres. Regarde son ventre de près. Tu verras deux mamelles. Elles servent aux mères à donner du lait à leurs petits.

Toujours aux aguets

Même lorsqu'il mange, la tête basse, le cochon d'Inde peut sentir le danger. Il entend bien et a un odorat développé. Ses yeux, placés sur les côtés de la tête, peuvent voir ce qui se passe derrière lui.

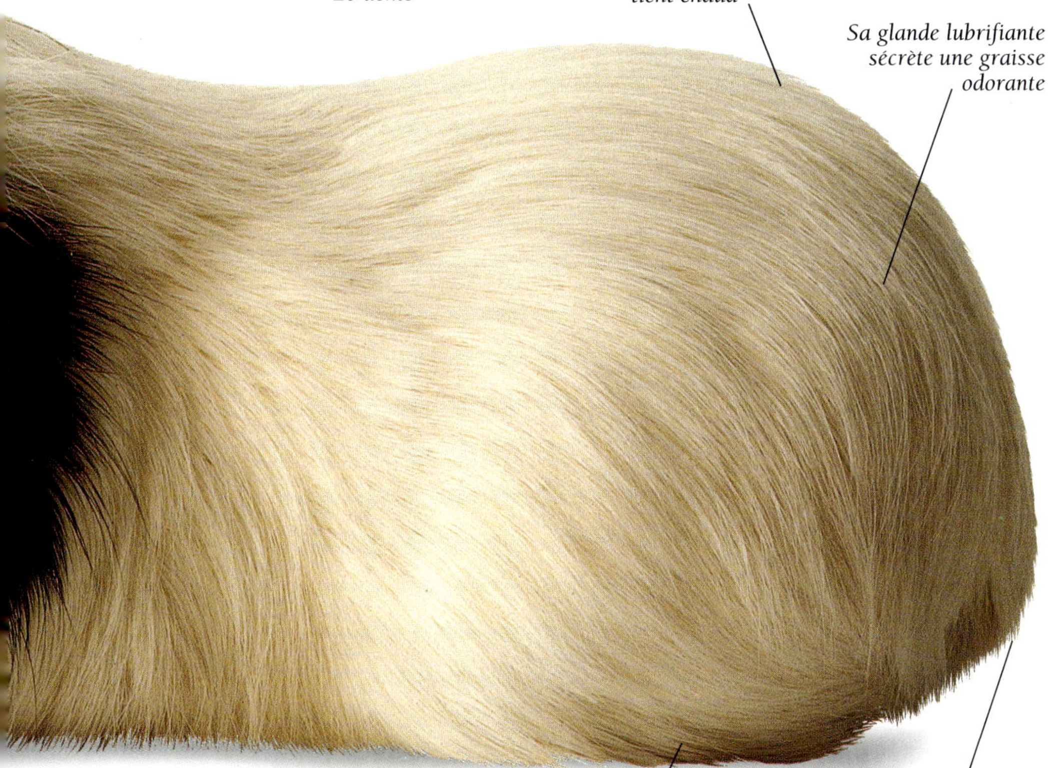

Regarde de plus près

Les paupières nettoient la poussière de ses yeux

Les dents de devant ne cessent de grandir. Ronger les raccourcit

Le grand pied de derrière a trois doigts et une semelle tannée

Le pied de devant a quatre doigts. Des coussinets protègent les os

Quand il se dresse, tu peux voir ses grandes pattes de derrière

La vie à l'état sauvage

Les cochons d'Inde sauvages vivent en groupes dans les hautes montagnes et les vastes prairies d'Amérique du Sud. Autrefois, les habitants les élevaient pour s'en nourrir. Des marchands en firent ensuite le commerce dans le monde entier. Les tiens sont les descendants de ces cochons d'Inde sauvages.

L'ancêtre sauvage
Il est plus petit et a un museau plus pointu que ton cochon d'Inde. Son pelage est rude. Il peut être marron, noir ou gris. Ses poils ont l'extrémité claire, ce qui fait paraître le pelage moucheté.

Sa maison dans la nature
Les cochons d'Inde piétinent la prairie autour de leur maison pour faire des sentiers que l'on appelle des pistes. Ils vivent dans les herbes hautes ou dans des terriers abandonnés par d'autres animaux.

Toujours cachés
Les cochons d'Inde sont très farouches. Ils passent beaucoup de temps cachés dans l'herbe. Ils dorment environ cinq heures par jour, mais ne ferment jamais les yeux plus de dix minutes.

Brouter matin et soir
Ils mangent environ six heures par jour, surtout lorsque la lumière est faible, à l'aube et au crépuscule. Leurs ennemis ont alors du mal à les apercevoir.

Des groupes d'amis
Quand ils ne sont pas en train de manger ou de dormir, ils aiment être en famille ou avec leurs amis. Ils se blottissent ensemble, jouent ou explorent les alentours.

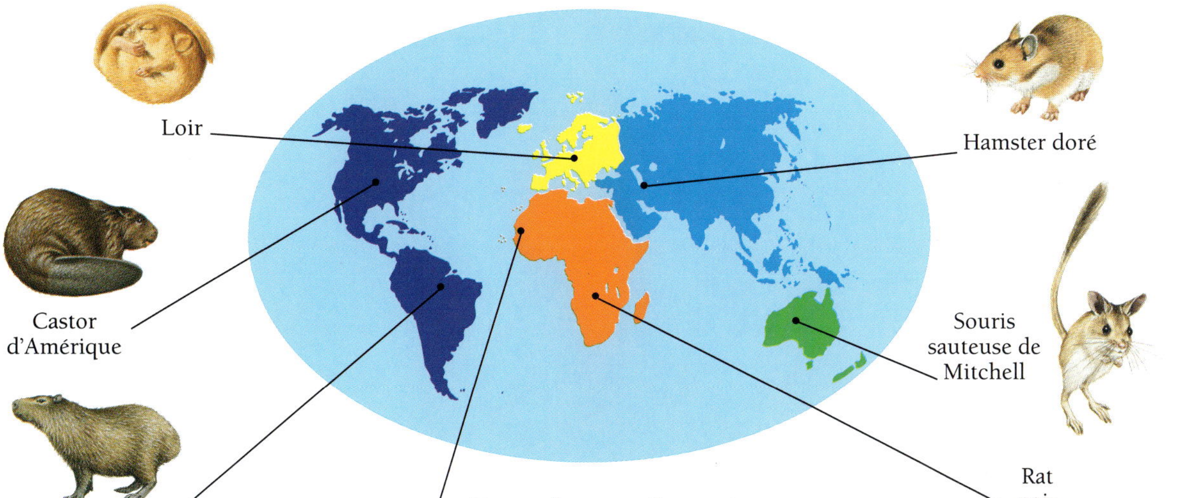

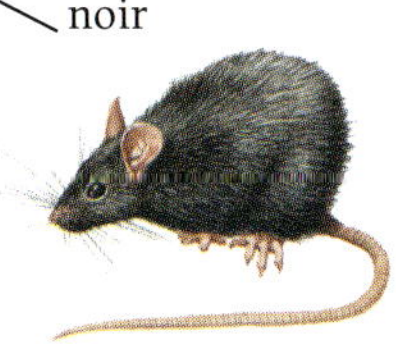

Dans le monde entier
La famille des rongeurs est répandue sur toute la Terre. Elle comprend aussi bien de minuscules souris que de très gros animaux comme le cabiai d'Amérique du Sud.

De toutes les couleurs

Il y a de nombreux types, ou races, de cochons d'Inde. Certains ont une fourrure d'une seule couleur. On les appelle des «self». Les autres ont jusqu'à trois couleurs dans leur pelage. Il existe aussi une grande variété de fourrures : courtes ou longues, touffues ou drues. Réfléchis bien avant de choisir des cochons d'Inde à poils longs. Leur pelage demande énormément de soins.

Les agoutis
Leurs poils ont une couleur différente de la racine à l'extrémité, ce qui leur donne un aspect moucheté. Tous les cochons d'Inde sauvages sont des agoutis.

Faciles à entretenir
Les cochons d'Inde à poils courts ont un pelage doux et lustré, souvent orné de motifs. On distingue le hollandais ou l'écaille de tortue.

L'abyssin
Sur ta tête, tous tes cheveux poussent à partir d'une zone qu'on appelle la couronne. Les abyssins, ou cochons d'Inde à poils durs, ont plusieurs de ces couronnes sur le corps. Cela leur donne un pelage en touffes.

La couronne
Certains cochons d'Inde ont une couronne de poils sur le haut de la tête. On l'appelle une crête.

Dalmatien à crête   Rubis à crête

Péruviens

Les péruviens
Ils ont une fourrure soyeuse qui descend jusqu'au sol. La frange sur leur tête doit être brossée en arrière pour ne pas couvrir les yeux.

Les shelties
Ils ont de longs poils durs sur le corps, mais pas sur la figure. Ils peuvent voir où ils vont plus facilement que les péruviens.

Sheltie

Dalmatien satin   Satin rubis

Les satins soyeux
Leur fourrure particulièrement douce et lustrée leur a valu leur nom de satins.

Les rex ondulés
Ils ont des poils courts et épais. Leur pelage ondulé paraît rude quand on le caresse.

Agouti rex

Rex rubis   Rex hollandais

D'où leur vient leur aspect

Deux cochons d'Inde de la même race produisent un petit identique

Le petit ressemble à ses parents

Deux cochons d'Inde de races différentes ont un croisé

Le petit ressemble un peu à chacun de ses parents

Deux croisés peuvent avoir presque n'importe quoi...

Quel mélange!

La maison de tes cochons d'Inde

Avant d'aller les chercher, tu dois leur installer une maison. Comme ils sont hyperactifs, leur clapier doit être très spacieux. Place-le dans un endroit abrité, hors de portée des autres animaux. N'oublie pas de stocker la nourriture (p. 26) et d'acheter de la litière.

Le toit déborde pour écarter la pluie

Porte épaisse pour conserver la chaleur

Chambre à coucher pour dormir et se cacher

Vérifie la dimension du clapier avant de l'acheter

L'idéal est une branche d'arbre fruitier, de pommier par exemple

Feuilles de papier
Tu en auras besoin pour garnir le plancher du clapier. Des vieux journaux ou du papier à dessin font parfaitement l'affaire.

Bouts de papier
Procure-toi du papier déchiqueté ou en lanières. Ils s'en serviront pour faire leurs lits.

Foin
Achète du foin sec mais frais. Ils adorent en manger et s'en serviront aussi pour leurs lits.

Pour ronger
Trouve une petite branche d'arbre pour qu'ils puissent la ronger. Cela leur conserve de bonnes dents.

La porte grillagée laisse entrer l'air frais

Le revêtement du toit le rend imperméable

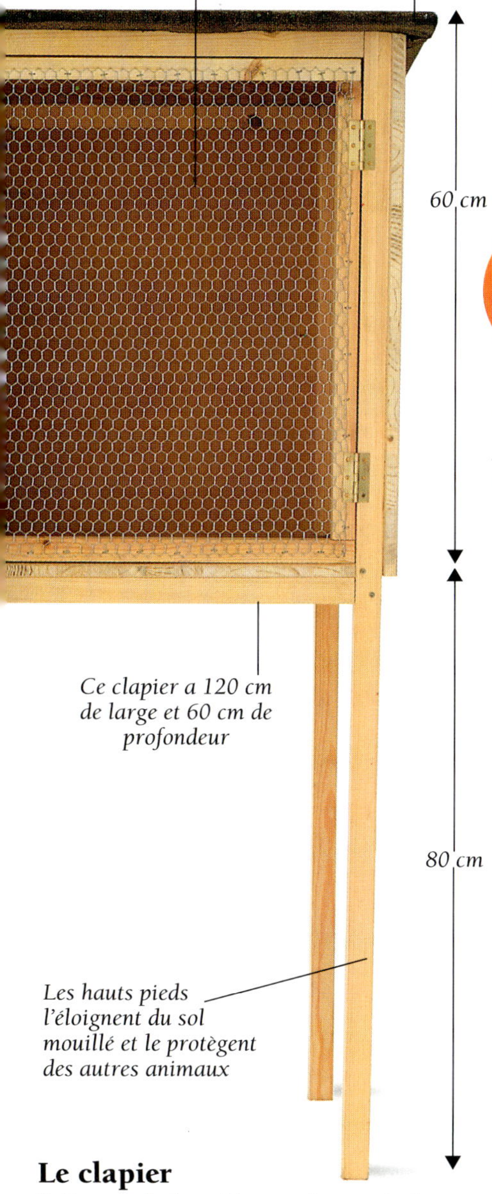

Ce clapier a 120 cm de large et 60 cm de profondeur

Les hauts pieds l'éloignent du sol mouillé et le protègent des autres animaux

Le clapier

❖ Regarde les dimensions ci-dessus. Ton clapier doit avoir au moins cette taille. Il sera composé de deux pièces. La plus grande sert aux repas. La plus petite est la chambre à coucher. Tes cochons d'Inde y feront leurs lits et s'y cacheront.

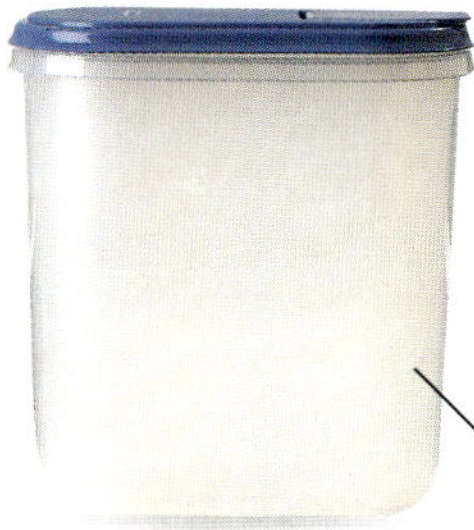

Garde-manger

Il te faudra une boîte étanche pour stocker leur nourriture.

Une boîte étanche conserve la nourriture fraîche

Un bol lourd ne se renverse pas

La vaisselle

Achète deux petits bols. Le plastique est déconseillé. Tes cochons d'Inde le rongeraient.

Bouteille d'eau

Il faut qu'elle soit munie d'une pipette qui laisse passer un peu d'eau quand les cochons d'Inde sucent le bout du tube.

Une maison d'intérieur

Tu peux garder chez toi tes cochons d'Inde. Une petite cage pour dormir suffit. Fais-leur aussi une caisse pour jouer et manger quand ils sont réveillés.

Où mettre le clapier ?

Assure-toi que des chats ou d'autres animaux ne peuvent y pénétrer

Abrite-le du soleil

Protège le clapier du vent et de la pluie

Installe le clapier à l'abri du froid

Mets ton animal là où tu peux l'observer souvent

Ce qu'il faut préparer

Il faudra que tu te procures certaines choses indispensables pour bien t'occuper de tes nouveaux amis. Ne mets aucun objet de plastique dans leur clapier ou leur caisse de jeu : ils le rongeraient aussitôt. Assure-toi que tout est prêt avant d'aller les chercher.

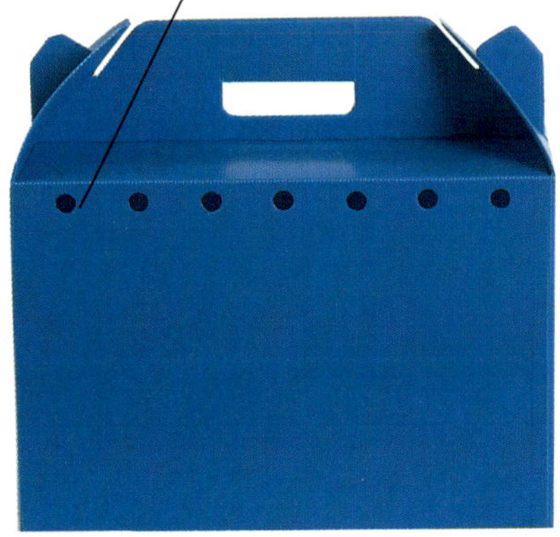

Boîte de transport
Demandes-en une à ton vétérinaire pour ramener tes cochons d'Inde. Il faut qu'elle ait une aération pour qu'ils puissent respirer.

Serviette

Broc d'eau

Shampooing

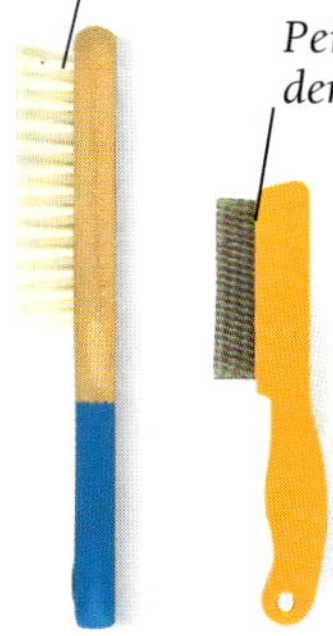

Brosse Peigne

Brosse et peigne
Leur pelage aura peut-être des nœuds. Achète une petite brosse douce et un peigne fin pour les démêler.

Bouillotte

Bassine

Tout à fait propres
Tu devras parfois les laver. Achète un shampooing spécial. Trouve une vieille bassine qui te servira de baignoire et un broc pour la remplir d'eau. Il te faudra aussi une serviette pour les sécher et une bouillotte pour les réchauffer.

Leur balance
Tu devras les peser sur la balance de la cuisine pour vérifier qu'ils se portent bien. Recouvre le plateau d'une feuille de papier, à moins que tu ne trouves une vieille balance.

Matériel de nettoyage
Pour tenir propre leur clapier, il te faut un certain nombre de choses. N'utilise jamais celles qui servent pour la maison. Demande à ton vétérinaire quel type de désinfectant acheter. Garde tout ton matériel à part pour qu'il ne soit pas utilisé pour autre chose.

Produit pour la vaisselle

Désinfectant à vaporiser

Seau

Gants de caoutchouc

Balayette

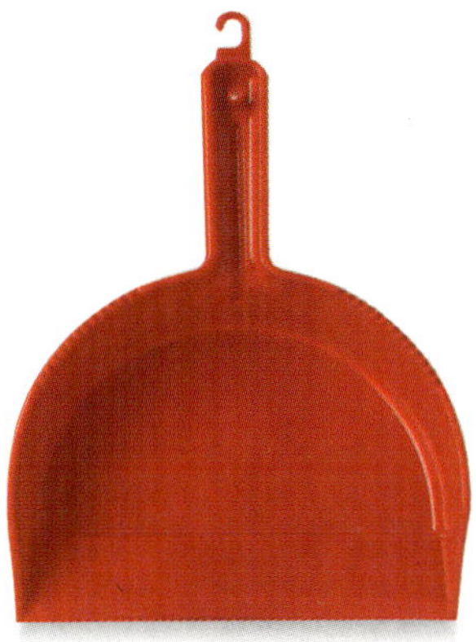

Pelle à poussière

Brosse dure

Racloir

Goupillon à bouteilles

Goupillon pour le tube

Chiffon de nettoyage

La caisse de jeu
Tu peux la faire toi-même et la remplir de choses avec lesquelles ils joueront. Cela les maintiendra en forme et en bonne santé si tu ne peux les mettre dehors.

Cage-couvercle
Si tes cochons d'Inde vivent à l'intérieur, essaie de les sortir de temps en temps. Renverse leur cage au-dessus d'eux pour qu'ils ne s'échappent pas.

Abri pour brouter
Tu peux l'acheter ou le faire toi-même. Ils pourront ainsi courir et brouter dehors. L'abri doit avoir une partie couverte pour qu'ils puissent se protéger du soleil ou se cacher s'ils sont effrayés.

Choisir ton cochon d'Inde

Tu dois avoir au moins deux cochons d'Inde : un seul s'ennuierait. Choisis-les du même sexe. Prends des adultes qui vivent déjà ensemble ou des petits d'une même portée, âgés de six semaines au moins. Si tu veux en avoir beaucoup, ne prends que des femelles. S'ils sont plus de deux, les mâles se battent entre eux.

Où trouver tes cochons d'Inde

- Un cochon d'Inde d'un ami peut avoir des petits.
- Un éleveur te vendra des cochons d'Inde de race.
- Un refuge d'animaux peut en avoir de toutes sortes qui ont besoin d'une maison.

Cherche de ravissants bébés qui aiment jouer

Un bébé timide se cache

Un bébé hardi explore l'écorce de noix de coco

La propriétaire montre les petits

La maman grignote un concombre

Petit de cinq semaines

Magnifique adulte

Bébés ou adultes ?
Il est tentant de se laisser séduire par de tout petits bébés. Mais n'oublie pas qu'ils grandiront vite. Des adultes peuvent être tout aussi adorables.

Le pelage court est facile à entretenir

Le pelage long doit être souvent brossé

Poils longs ou courts ?
Ceux qui ont les poils longs sont séduisants mais demandent beaucoup d'entretien. Ceux qui ont des poils courts sont moins facilement ébouriffés.

1 Quand tu choisis un bébé, ne touche pas tout de suite à l'un des petits. Avec le propriétaire, observe-les depuis un endroit où tu ne les déranges pas.

2 Demande au propriétaire d'attraper le bébé qui te semble le plus remuant. Informe-toi sur son sexe. Vérifie qu'il n'a pas déjà été choisi par quelqu'un d'autre.

3 Le propriétaire te laissera tenir le bébé. Assieds-toi. Serre le bébé contre ta poitrine pour qu'il se sente en sécurité. Décide alors s'il te plaît vraiment.

4 Vérifie qu'il est en bonne santé. Il doit avoir un corps rebondi, les yeux clairs, le nez et les oreilles propres. Tout son pelage doit être soyeux et lustré – y compris le derrière.

Bienvenue à la maison

Ton cochon d'Inde sera peut-être effrayé au début, quand il aura quitté sa mère. Si tu as pris deux bébés, ils se tiendront compagnie. Si tu as déjà un cochon d'Inde et que tu lui amènes un nouvel ami, observe attentivement leur première rencontre. Le clapier doit être préparé pour que tous tes petits compagnons puissent s'y installer.

Le vétérinaire écoute le cœur du bébé avec son stéthoscope

Chez le vétérinaire
Arrange-toi pour passer chez ton vétérinaire en revenant d'aller chercher tes nouveaux cochons d'Inde. Il les examinera pour s'assurer qu'ils sont en bonne santé. Il répondra à toutes tes questions.

Le vétérinaire vérifie le sexe

Vérifier le sexe
Quand un cochon d'Inde est tout jeune, il est parfois difficile de dire si c'est un mâle ou une femelle. Demande à ton vétérinaire de le vérifier pour que tu sois sûr qu'il est bien du sexe que tu voulais.

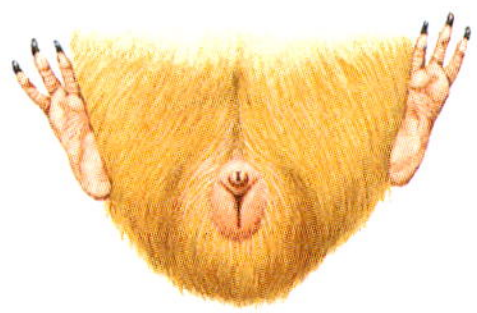

Cochon d'Inde mâle

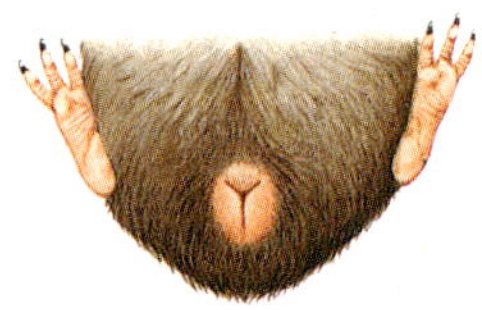

Cochon d'Inde femelle

Mâle ou femelle
Ces images t'aideront à découvrir le sexe de ton cochon d'Inde. Regarde sous son ventre, entre ses pattes de derrière.

Savoir les prendre

Ce tableau t'indique comment apprivoiser tes nouveaux amis les deux premières semaines.

Pour apprivoiser tes cochons d'Inde :

1er jour : Observe-les. Ne les dérange pas.

2e jour : Ils se cachent peut-être dans leurs lits. Parle-leur pour les habituer à ta voix.

3e jour : Donne-leur à manger avec la main. Attrape-les. Tiens-les fermement s'ils gigotent.

Du 4e au 7e jour : Caresse-les et brosse-les. Montre-les à ta famille et aux autres animaux.

Du 8e au 11e jour : Laisse-les explorer leur enclos, leur abri et leur caisse de jeu.

Après deux semaines : Joue avec eux tous les jours.

Leur maison

Tout ce dont ils ont besoin doit se trouver dans le clapier : litière, nourriture, eau et branche à ronger. Mets tes nouveaux amis dans leur maison et laisse-les l'explorer.

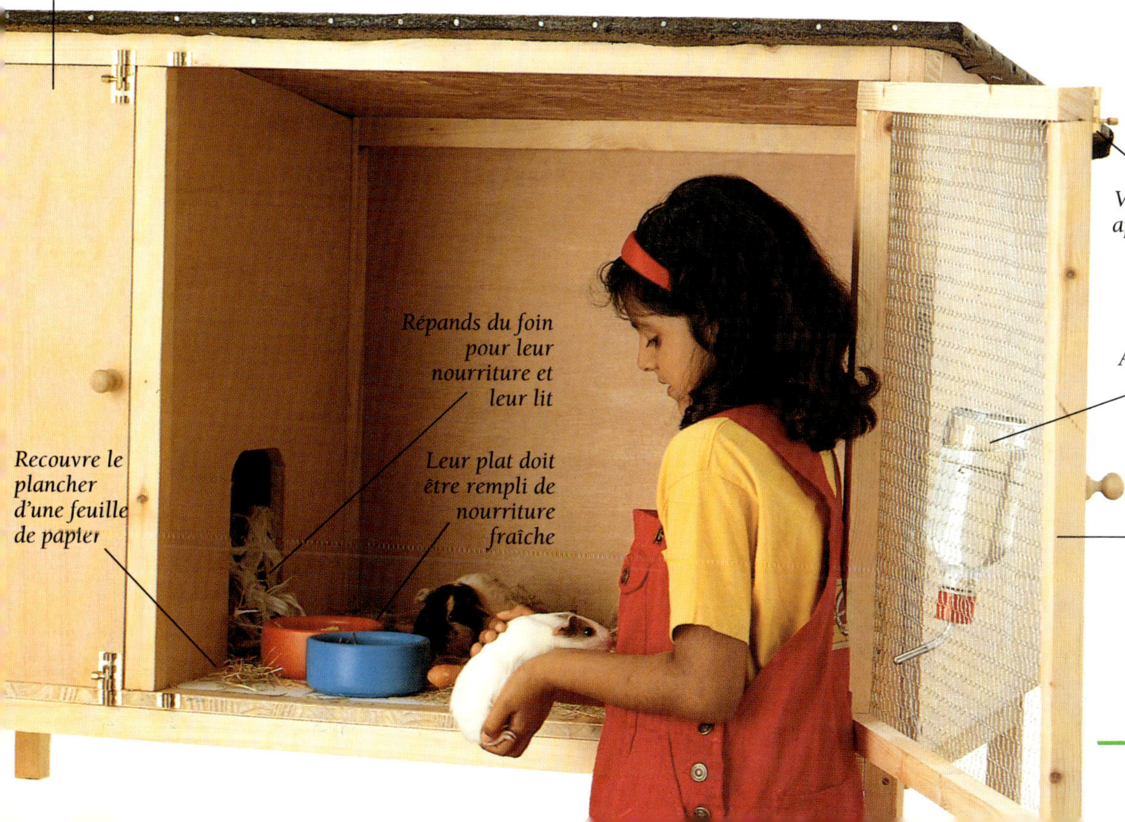

Leurs amis

Tout comme toi, tes cochons d'Inde aiment avoir beaucoup d'amis. Ne t'inquiète pas s'ils courent se cacher quand tu essaies de les attraper. Ils ne sont pas hostiles, simplement intimidés. Le meilleur ami d'un cochon d'Inde, c'est encore un autre cochon d'Inde. Mais toi, ta famille et certains de vos animaux pouvez également être ses amis.

Il se sent en sécurité près de ses amis

En bonne compagnie
Tu peux mettre beaucoup de femelles dans le clapier. Les cochons d'Inde détestent rester seuls. Quand ils mangent, ils se tiennent tout près les uns des autres. Pour dormir, ils se blottissent ensemble. Cela leur tient chaud.

L'adulte flaire le bébé

Le nouveau venu
Quand tu choisis un nouvel ami pour tes cochons d'Inde, fais attention. N'oublie pas que les femelles en groupe, ou un mâle s'il est seul, attaqueront un nouveau venu adulte. Mieux vaut un jeune de six semaines.

Le bébé semble timide

Si tu préfères les mâles
Tu ne dois pas en mettre plus de deux dans un clapier, car un groupe de mâles se battra. Choisis deux bébés mâles de la même portée. Si tu as déjà un mâle, donne-lui un ami de six semaines environ.

Ce mâle s'entend bien avec son frère

Avec le chien de la famille

Demande toujours à un adulte si tu peux laisser ton cochon d'Inde rencontrer un chien. Généralement, un chien tranquille ne lui fera pas de mal, mais il faut le tenir serré par le collier. Ne les laisse jamais seuls ensemble.

Ami ou ennemi ?

Un lapin peut parfois se montrer amical avec un cochon d'Inde. Mais ils peuvent aussi se disputer. Si le lapin se fâche, il peut donner des coups de pied. Ses pattes de derrière sont très musclées et les coups peuvent blesser sérieusement ton cochon d'Inde. Ne laisse jamais un lapin et un cochon d'Inde dans le même clapier.

En famille

Montre à tes parents et à tes amis comment tenir tes cochons d'Inde (p. 21) qui seront ravis d'être caressés.
Ne les laisse jamais seuls avec ton petit frère ou ta petite sœur.

Comment bien les nourrir

Les cochons d'Inde sont herbivores, ce qui signifie qu'ils ne mangent que de l'herbe et des plantes. Dans la nature, ils se nourrissent de graines et d'herbes sauvages, et tu dois leur procurer la même alimentation. Tu devras acheter des aliments spécialement fabriqués pour eux et des aliments frais. Ne leur donne un nouveau type de nourriture qu'en petite quantité.

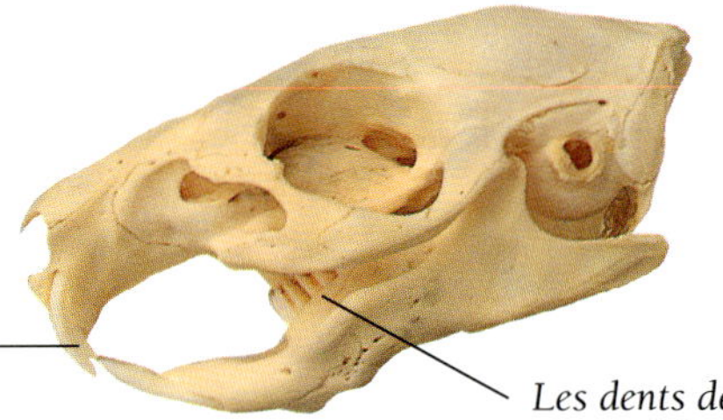

Les dents de devant aiguisées découpent la nourriture

Les dents de côté sont faites pour broyer

Une bouche faite pour mastiquer
La nourriture qu'ils mangent demande à être mastiquée. Leurs dents et leur bouche sont faites pour mordre et broyer. Les aliments sont mélangés à de la salive en même temps qu'ils sont hachés par les dents.

Brouter tout le temps
L'herbe et certaines plantes sauvages sont leur nourriture préférée. Ils doivent en manger beaucoup pour avoir suffisamment de calories. S'ils en ont l'occasion, ils passeront toute la journée à paître.

Mélange sec

Fibres végétales

Aliments spéciaux
Même s'ils paissent l'herbe, il faut leur donner une autre nourriture. Ils aiment le foin, qui est de l'herbe séchée. Tu dois aussi acheter des aliments spéciaux composés de plantes séchées, de graines et de légumes.

Foin

Il passe beaucoup de temps à manger

L'heure des repas
Nourris-les matin et soir. Ils doivent avoir toujours de la nourriture sèche dans leurs plats. Les cochons d'Inde ne font pas de réserves comme les écureuils ou les hamsters.

⁘ Il mange ses crottes !

Ne sois pas choqué. Tous les cochons d'Inde le font. Leur estomac ne peut absorber toute la valeur nutritive des aliments du premier coup. Aussi font-ils des crottes légères qu'ils remangent ensuite.

De l'eau fraîche

Les cochons d'Inde sauvages tirent l'eau des aliments frais qu'ils mangent. Les tiens mangeant beaucoup de nourriture sèche, tu dois t'assurer que leur bouteille d'eau est toujours pleine.

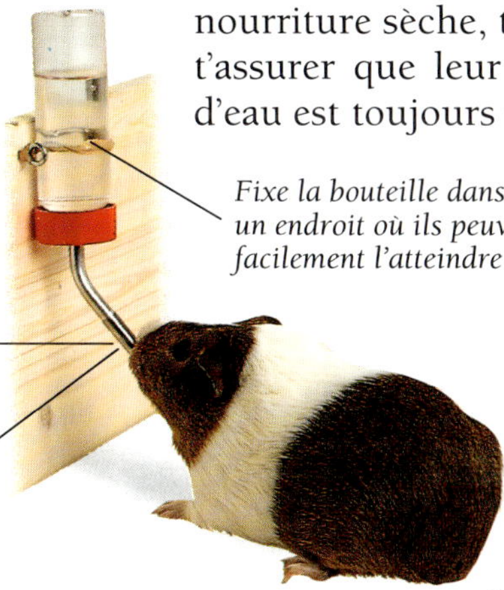

Fixe la bouteille dans un endroit où ils peuvent facilement l'atteindre

Une petite bille au bout du tube empêche l'eau de s'écouler

Sa langue lèche le tube pour faire couler l'eau

Ferme solidement le bouchon

Remplis le bol de nourriture matin et soir

Il creuse ses joues en rongeant

Une branche de pommier est préférable

Des dents qui s'allongent

Elles n'arrêtent pas de pousser, et les cochons d'Inde sauvages rongent le bois pour les raccourcir. Donne aux tiens des petits rondins à ronger. Cela empêchera leurs dents de devenir trop longues.

Quelle ration leur donner ?

Chaque fois que tu les nourris, remplis leurs bols à ras bord. Ils ne mangeront que ce dont ils ont besoin. S'ils font assez d'exercice, ils ne deviendront pas trop gras.

Les aliments frais

Manger des salades et des fruits frais chaque jour est excellent pour ta santé. Ces aliments ont une grande valeur nutritive, et tes cochons d'Inde en ont besoin eux aussi. Donne-leur les fruits et les légumes qui n'ont pas été utilisés à la cuisine et ramasse des plantes sauvages. Mais attention ! Certaines sont du poison. Regarde cette page pour connaître celles que tu peux leur donner sans risque.

Herbe

Oseille

Trèfle

Plantes sauvages

Deux fois par semaine, cueille quelques poignées d'herbes et de plantes sauvages pour tes cochons d'Inde. Tu peux aussi les laisser paître sur une pelouse.

Pissenlit

Plantain

C'est aussi un jeu

Essaie de cacher leur nourriture dans une brique creuse ou sous un tas de foin. La nourriture fraîche est très odorante. Ils s'amuseront à la découvrir en la flairant.

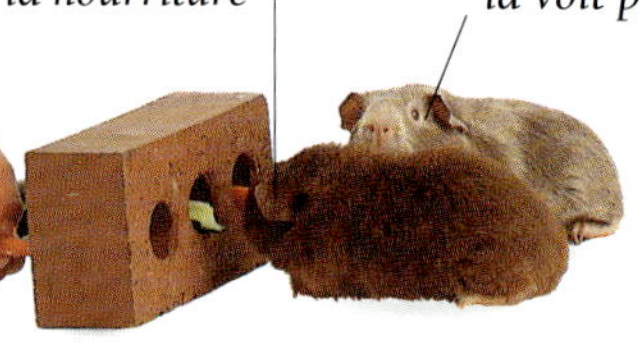

Le cochon d'Inde astucieux découvre la nourriture

Il peut sentir la nourriture, mais il ne la voit pas

Produits frais seulement

Plantes, fruits et légumes perdent vite leur fraîcheur. S'ils n'ont pas été mangés avant la nuit, jette-les. Ne donne jamais à tes cochons d'Inde de l'herbe tondue : elle moisit très rapidement.

Melon

Orange

Poire Pomme

Leurs fruits préférés

Donne-leur une tranche de fruit frais tous les jours. Tu peux découper un quartier de pomme ou de poire en petits morceaux plus faciles à manger.

Raisins

Tomate

Légumes croquants

Tu peux leur en donner une poignée à chacun tous les jours. Ton marchand de légumes te donnera peut-être des restes encore bons. Assure-toi qu'ils sont frais.

Céleri Concombre Maïs doux

Haricots

Petits pois

Chou frisé

Laitue

Chou

Poivron Carotte

Vitamine vitale

Tout comme toi, ils ont besoin de vitamine C pour rester en bonne santé. Assure-toi que leur nourriture quotidienne en contient assez. Donne à chacun un quartier d'orange ou une poignée de choux.

Nettoyer le clapier

Tes cochons d'Inde aiment que leur maison soit très propre. Si elle devient sale et commence à sentir mauvais, ils tomberont malades. Il faut nettoyer le clapier et la vaisselle chaque jour. Mets-y ensuite une nouvelle feuille de papier, de la litière fraîche, du foin, de la nourriture et de l'eau. Une fois par semaine, brosse le clapier à fond.

1 Chaque jour, mets tes cochons d'Inde un à un dans leur boîte de transport pour qu'ils ne te gênent pas et soient en sécurité pendant le nettoyage. Par temps sec, tu peux les laisser paître dehors sous leur abri (p. 39).

2 Sers-toi de ta pelle et de ta balayette pour enlever la vieille litière, les crottes et la nourriture défraîchie. N'oublie pas de mettre des gants en caoutchouc. Retire le papier recouvrant le plancher. Jette le tout dans un sac poubelle.

Ne gratte pas trop fort pour ne pas arracher le bois

Laver les plats
Essuie chacun d'eux avec un torchon. Tu auras peut-être besoin de les faire tremper s'ils sont très sales. Essuie-les avec une serviette en papier.

Essuie bien dans les coins

3 **Utilise ton grattoir** pour retirer les petites saletés accrochées au plancher ou aux parois. Les coins sont souvent très sales. Enlève tout avec ta brosse et ta pelle.

Nettoyer la pipette
Vérifie que rien ne la bloque. Passe la brosse spéciale, puis remue le tube. Tu dois entendre bouger la bille de métal.

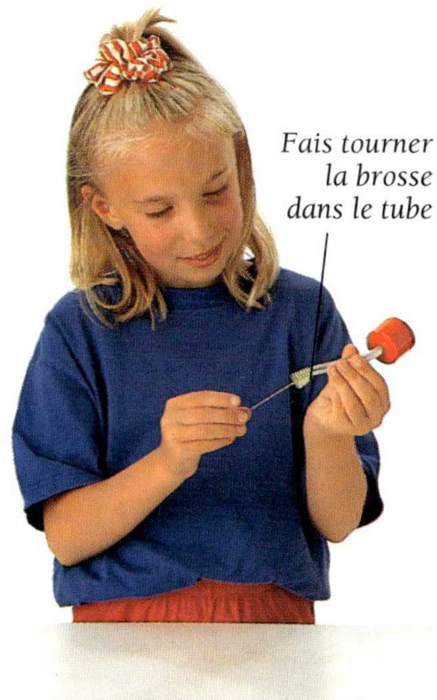

Fais tourner la brosse dans le tube

Vaporise pour tuer les microbes

Seau d'eau chaude avec un peu de détergent

Nettoyage à fond
Une fois par semaine, brosse bien l'intérieur du clapier avec de l'eau chaude savonneuse. Rince et vaporise un désinfectant. Laisse bien sécher.

Tourne la brosse pour nettoyer l'intérieur

Nettoyer la bouteille
Remplis-la d'eau chaude savonneuse. Gratte l'intérieur avec la brosse spéciale. Rince bien avant de remplir avec de l'eau fraîche.

Une bonne toilette

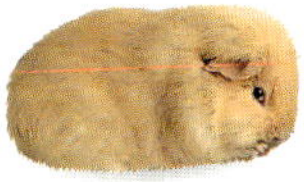

Brosse chaque jour tes cochons d'Inde pour qu'ils s'habituent à ce que tu les caresses et les manipules. Ceux qui ont des poils longs ou durs seront sales, avec du foin collé dans leur pelage. Lave-les si leur fourrure commence à sentir mauvais et devient grasse.

Bien léché
Un cochon d'Inde passse beaucoup de temps à faire sa toilette. Ses dents de devant lui servent de peigne, et sa langue de gant de toilette. Parfois, aussi, il utilise ses griffes de derrière comme des peignes.

Brosse-le partout
S'il a des poils longs, brosse-les de la tête au bas du dos. Puis brosse le ventre et le dessous du menton.

1 Pour le laver, mets-le doucement dans une bassine remplie d'eau tiède. Il gigotera peut-être : tiens-le bien.

Coup de peigne
Après l'avoir brossé, sers-toi du peigne. D'abord le dos, ensuite le menton. Défais les nœuds avec tes doigts.

2 Verse de l'eau sur son pelage, mais laisse la figure au sec. Verse de l'eau chaude sur son cou avec le broc. Frotte bien son pelage. Continue à verser jusqu'à ce qu'il n'y ait plus de savon dans ses poils.

3 Donne-lui une douche pour le rincer. Verse de l'eau tiède sur son dos et frotte sa fourrure. Continue jusqu'à ce qu'il n'y ait plus de bulles.

4 Mets-le sur une serviette. Avant qu'il ne se secoue et t'asperge d'eau, entoure-le d'une serviette. Quand tu l'enlèveras, ses poils seront hérissés. Brosse-le et peigne-le doucement.

5 Mets-le dans sa boîte de transport. Enveloppe la bouillotte dans une serviette propre. Place-la dans la boîte pour réchauffer ton cochon d'Inde. Quand il sera entièrement sec, remets-le dans le clapier.

Comprendre tes cochons d'Inde

Ils montrent leur humeur en agitant certaines parties de leur corps et marquent les choses qui leur appartiennent avec leur propre odeur. Ils émettent de nombreux bruits différents, qui vont du ronronnement au cri perçant. Observe-les bien et tu comprendras vite ce qu'ils font.

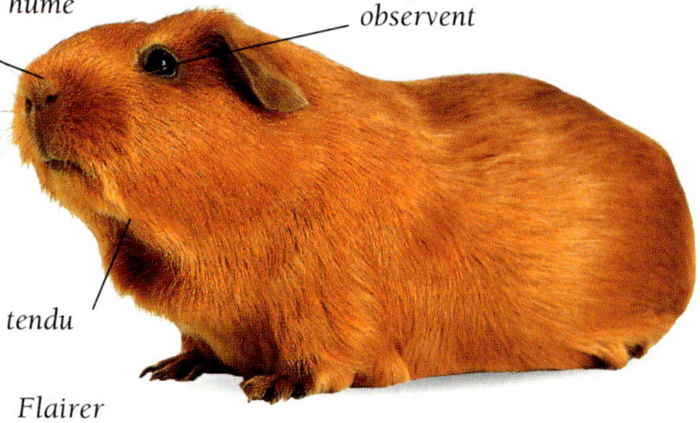

Flairer

Indices parfumés
Les cochons d'Inde hument l'air pour découvrir si quelqu'un d'autre est dans le voisinage. Quand deux d'entre eux se rencontrent, ils se flairent pour savoir s'ils sont ou non des amis. Ils peuvent se flairer le nez ou le derrière.

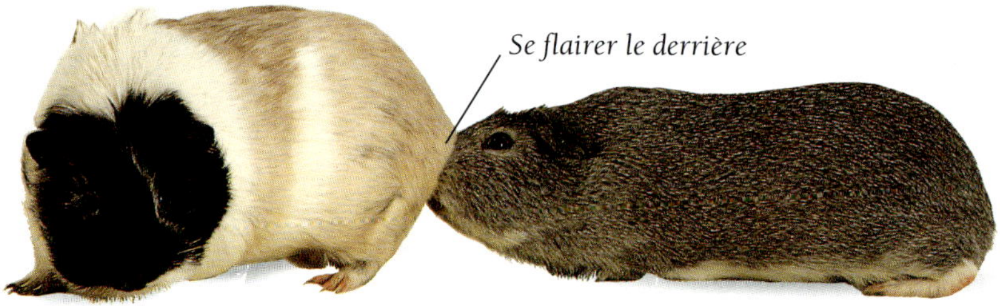

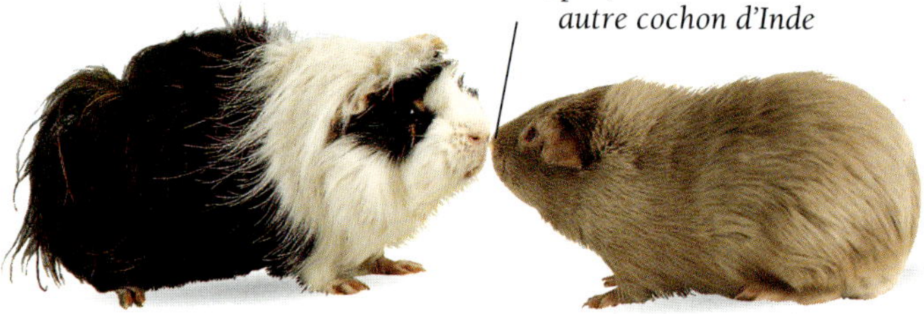

Se flairer nez à nez

Marquer ce qui est à moi
Tout comme toi, ils mettent leur signature sur ce qui leur appartient. Au lieu d'écrire leur nom, ils apposent leur odeur. Elle provient de la peau de leurs joues, de leur dos et de leur derrière. Elle est également émise par une glande située en bas du dos.

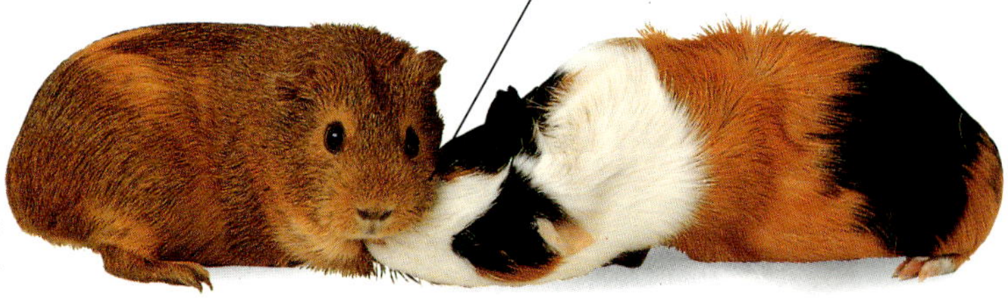

Une immobilité de statue
Les cochons d'Inde sont très farouches. Quand ils entendent un bruit surprenant, ils ne bougent plus. Ils pensent qu'en restant figés, un ennemi ne les remarquera pas.

Cochon d'Inde en colère

Cochon d'Inde effarouché

Devant l'ennemi
Il peut se mettre en colère contre un autre cochon d'Inde. Ses poils se hérissent alors et le font paraître plus grand. Il émet un son aigu pour signifier à son adversaire qu'il est furieux.

La grande fureur
Quand il est vraiment fâché, il bâille pour montrer ses dents aiguisées comme des rasoirs.

Match de boxe
Si deux cochons d'Inde sont également agressifs, ils se battent. Ils se tiennent sur leurs pattes de derrière et se cognent avec leur tête. Leur bouche reste ouverte, prête à mordre.

L'enclos

Les cochons d'Inde adorent être dehors. Demande à un adulte de délimiter une parcelle du jardin pour y faire un enclos. Cherche dans la maison et au jardin des choses que tu pourrais y mettre pour que tes petits amis jouent avec. Construis une rampe pour qu'ils puissent descendre de leur clapier jusqu'au terrain de jeu.

Bouteille remplie d'eau fraîche

Il se cache dans le grand tuyau

Caché derrière des pierres

Tuyau à traverser au galop

Petit rondin à ronger

Les trous dans la brique font de bonnes cachettes pour la nourriture

Quelques cailloux font de bonnes cachettes

Des idées de jeux

Essaie de trouver des briques, des pierres et des tuyaux de ciment pour leur enclos. Ils adorent découvrir de nouvelles choses.

Bâche de plastique pour recouvrir l'enclos quand il pleut

Un grillage interdit le terrain à d'autres animaux

Carotte à grignoter

Des traverses sur la rampe les empêchent de glisser

Dans l'enclos

Observe tes cochons d'Inde en train de jouer et essaie de comprendre tout ce qu'ils font (p. 34). Quand tu n'es pas avec eux, recouvre l'enclos d'un grillage métallique pour empêcher d'autres animaux d'y entrer. S'il pleut, protège-le avec une toile en plastique.

Attention danger !

Des chats en maraude peuvent sauter dans l'enclos.

Des oiseaux de proie peuvent s'abattre sur l'enclos.

Les désherbants sont du poison.

Des chiens peuvent effrayer tes cochons d'Inde.

Certaines plantes sont dangereuses.

Protège l'enclos du grand soleil et de la pluie.

Ce que tu peux faire avec eux

Cherche dans les magazines spécialisés ou demande à ton vétérinaire l'adresse d'un club de cochons d'Inde. Si tu t'y inscris, tu pourras parler avec d'autres propriétaires de toutes les choses passionnantes que l'on peut faire avec eux. Chacun aura de bonnes idées pour t'aider à faire une caisse de jeu ou un abri pour brouter.

Les expositions
Tu peux y inscrire tes cochons d'Inde. Le juge donne des prix aux cochons d'Inde qui lui paraissent les mieux entretenus.

Rosette pour le propriétaire du gagnant

Le pelage bien toiletté est superbe

Caisse de jeu
Demande à un adulte de t'aider à la fabriquer. Remplis-la de choses en bois ou en carton pour que tes cochons d'Inde jouent avec. Mets-les dedans chaque jour. S'ils ne peuvent prendre de l'exercice dans un enclos ou un abri, ils doivent y passer quotidiennement au moins une heure.

Descends-les doucement dans la caisse, le derrière en avant

Eau fraîche pour boire durant le jeu

Morceaux de fruits et de légumes

Du papier déchiré fait un lit confortable

Tube en carton à traverser

Chaque côté doit mesurer au moins 20 cm

Du foin sur le fond

Rampe pour monter et descendre

Une boîte à chaussures découpée fait une excellente maison

Petite branche à ronger

Bol rempli de nourriture sèche

L'abri à brouter

Par temps sec, tu peux mettre tes cochons d'Inde sur l'herbe, dans leur abri, environ une heure par jour. Fixe l'abri au sol pour qu'ils ne le renversent pas ou que d'autres animaux ne s'y introduisent pas. Change-le de place tous les jours pour qu'ils aient toujours de l'herbe fraîche.

Quand tu les quittes

Les vacances

Tu ne peux pas toujours emmener tes cochons d'Inde avec toi quand tu pars en vacances. Tu dois trouver quelqu'un qui s'en occupe. Peut-être as-tu un ami qui en a lui aussi et qui aura le temps de s'occuper des tiens.

Fais une liste

Note tout ce qui doit être fait chaque jour. Écris dans quel ordre tu le fais. Tes cochons d'Inde y sont habitués et seront peut-être ennuyés si cela change. Inscris également le nom et le téléphone de ton vétérinaire.

À préparer

Tout doit être prêt pour ton ami. Assure-toi que tu as assez de nourriture. N'oublie pas le matériel pour nettoyer et les objets de toilette.

Pour le transport

Amène-les chez ton ami dans une petite cage ou dans leur boîte de transport. Apporte leur caisse de jeu et leur abri si ton ami n'a pas d'endroit où leur faire prendre de l'exercice.

Quand ils ont des bébés

Tout comme une femme peut avoir des enfants, un cochon d'Inde femelle peut avoir des petits. Réfléchis bien avant de mettre ensemble un mâle et une femelle, car ils se reproduiront. N'oublie pas que tu devras trouver de bonnes maisons d'accueil pour tous les bébés. Ton vétérinaire peut stériliser tes cochons d'Inde. Cela les empêchera d'avoir des petits.

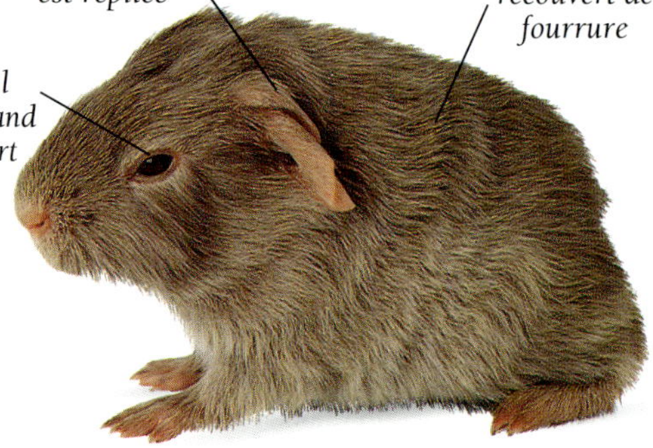

Adulte en miniature
Un cochon d'Inde nouveau-né ressemble à un minuscule adulte. Il a un pelage bien fourni et ses yeux sont ouverts. Il peut ramper au bout de quelques minutes. À quatre jours, il peut manger de la nourriture solide.

Un maître responsable
Cela peut te sembler amusant de laisser tes cochons d'Inde avoir des petits. Mais rappelle-toi que ces adorables petites boules de duvet grandissent vite. Tu devras trouver à chacun un foyer.

1 Les nouveau-nés boivent le lait de leur mère. Il peut y avoir jusqu'à quatre petits par portée. Mais comme la mère n'a que deux mamelles, deux bébés seulement peuvent boire en même temps.

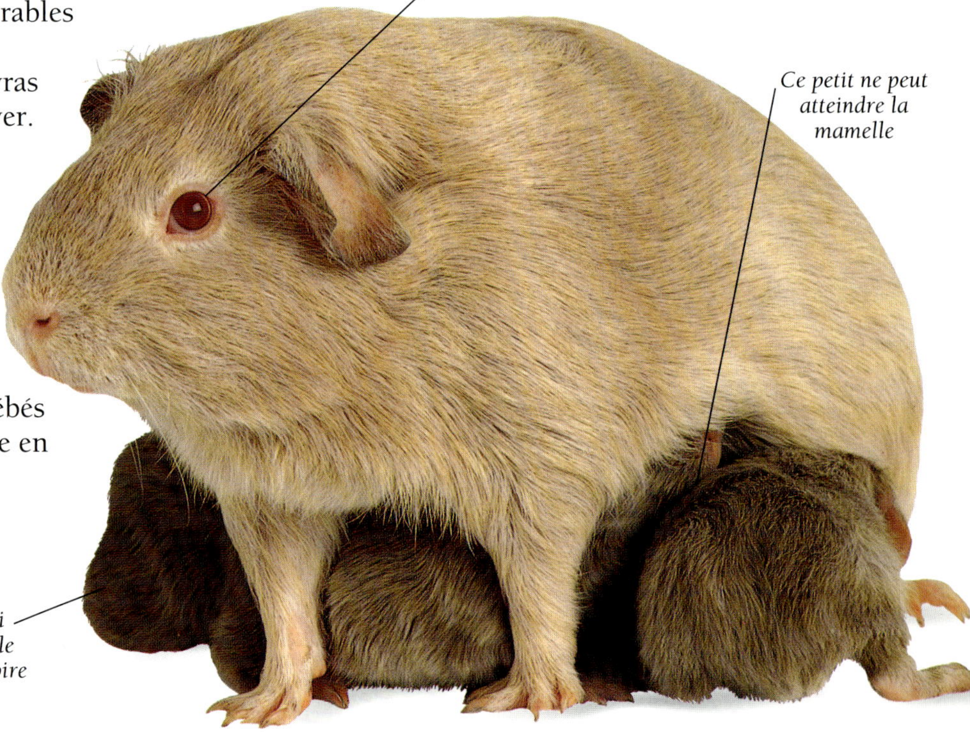

2 À deux semaines, les bébés détestent rester seuls. Ils ronronnent pour dire aux autres où ils sont. Ils se blottissent tous ensemble pour se tenir chaud. Ils boiront le lait de leur mère jusqu'à trois semaines.

3 Quand ils ont cinq semaines, les petits sont très curieux. Ils sont déjà assez vieux pour avoir eux-mêmes des bébés. Mâles et femelles doivent être séparés parce qu'ils ne sont pas encore assez âgés pour faire de bons parents.

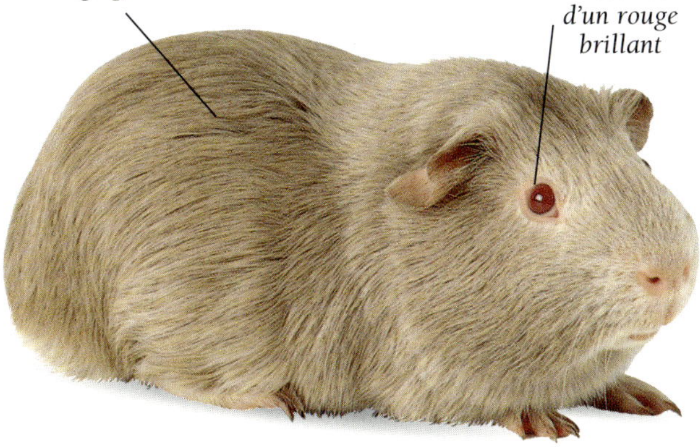

4 À cinq mois, un cochon d'Inde est déjà presque adulte. Mâles et femelles ne sont pas prêts à avoir une famille à eux. Sépare-les jusqu'à ce que tu souhaites qu'ils se reproduisent.

5 Quand un cochon d'Inde grandit, son corps s'arrondit. Il a besoin d'avoir au moins un ami avec lui. Ne mets ensemble que des cochons d'Inde du même sexe.

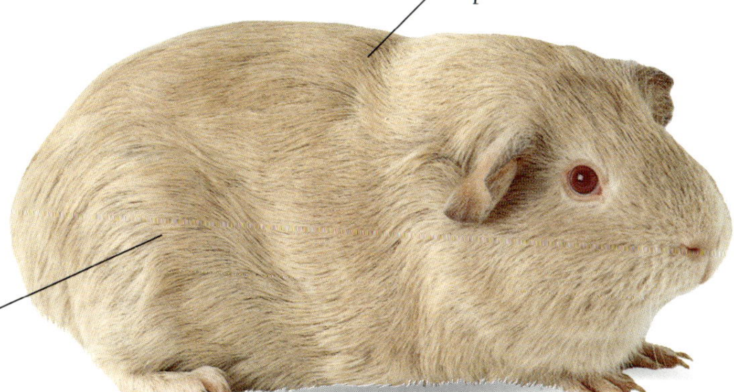

Leur santé

Tu dois surveiller sérieusement tes cochons d'Inde pour t'assurer qu'ils sont en forme et en bonne santé. Il faut les nourrir correctement (p. 26), les tenir propres (p. 32) et nettoyer régulièrement leur clapier (p. 30). Tu dois faire également certains examens très simples tous les jours. Tu apprendras vite à voir si l'un d'eux est malade. Si tu crois que quelque chose ne va pas, va directement chez ton vétérinaire.

Maintiens-le fermement dans une main

1 Vérifie si leur pelage est en bon état. Repousse leur fourrure de façon à voir la peau. La fourrure doit être douce et sentir bon. N'oublie pas d'examiner le ventre et les endroits cachés, entre les pattes de derrière par exemple.

Regarde combien pèse ton cochon d'Inde

Mets du papier

2 Chaque semaine, le même jour et à la même heure, pèse tes cochons d'Inde. Note les résultats. Ensuite, lave à fond le plateau de la balance. Si l'un de tes cochons d'Inde a perdu ou pris du poids, il peut être malade ou bien ne fait pas assez d'exercice.

Regarde dans le creux de l'oreille

Repousse la fourrure autour de l'oreille

3 Examine ses oreilles et ses yeux. Les oreilles doivent être propres et les yeux clairs et brillants.

Griffe trop longue

Griffe correcte

4 Vérifie que ses griffes ne sont pas trop longues. Prends doucement chaque pied entre ton pouce et tes doigts. Regarde si les griffes sont à la bonne longueur.

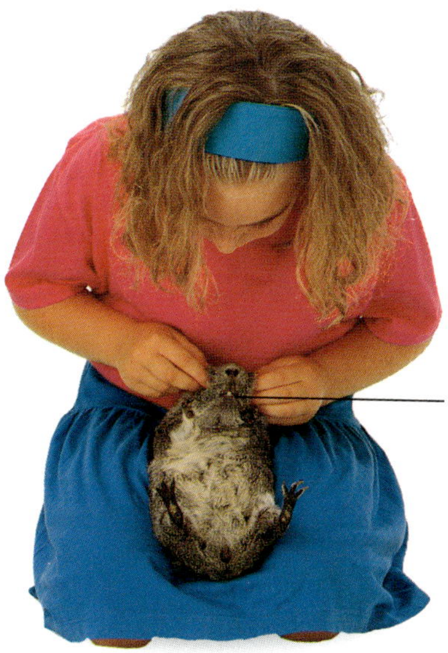

Écarte ses lèvres avec tes doigts

5 Pour examiner ses dents, mets-le sur le dos, sur tes genoux. Écarte bien ses lèvres. Les dents doivent être propres, blanches, courtes et droites.

Nettoyer sa glande lubrifiante

Les mâles ont parfois sur le dos une touffe de poils très grasse. Cela provient de leur glande lubrifiante. Nettoie cet endroit avec de l'eau savonneuse et rince bien.

Le détergent rend l'éponge savonneuse

Lave avec une éponge savonneuse

Ton aide-mémoire

Sers-toi de cette liste pour te rappeler tout ce que tu dois faire.

Copie ce tableau. Pointe chaque chose dès que tu l'as faite

Chaque jour :

Nourris tes cochons d'Inde
Lave les bols
Lave et remplis la bouteille
Change la litière
Mets un nouveau papier
Étends du foin frais
Fais leur toilette
Mets-les dans un enclos pendant une heure au moins
Examine leur pelage
Examine yeux et oreilles
Examine les griffes
Vérifie la longueur des dents

◆

Chaque semaine :

Brosse le clapier
Pèse tes cochons d'Inde
Vérifie leur glande lubrifiante
Range l'enclos
Nettoie la caisse de jeu
Vérifie les réserves de nourriture et de litière

◆

Chaque année :

Va voir ton vétérinaire pour un examen complet

Chez le vétérinaire

Le vétérinaire et ses assistantes sont là pour t'aider à garder tes cochons d'Inde en bonne santé et heureux de vivre. Ils te diront comment t'en occuper correctement. Tu peux leur poser toutes les questions que tu veux. Ils essaieront aussi de guérir tes petits compagnons s'ils sont malades.

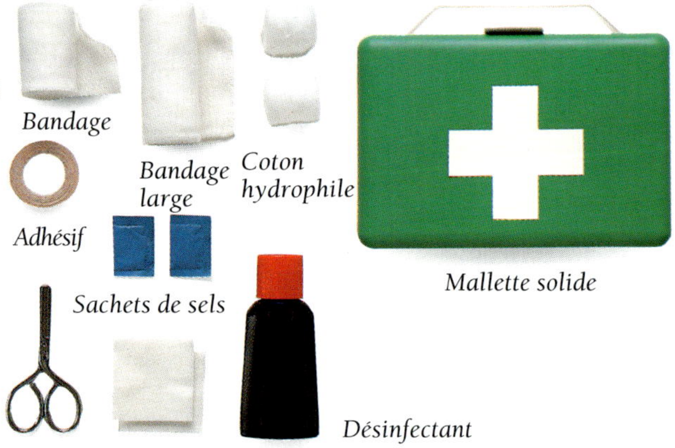

La trousse de secours

Tu dois en préparer une pour tes cochons d'Inde. Le vétérinaire t'expliquera comment utiliser chaque chose. Tout comme toi, un cochon d'Inde peut s'écorcher ou se couper. La trousse contient tout ce qu'il faut pour qu'il se sente mieux avant d'arriver chez le vétérinaire.

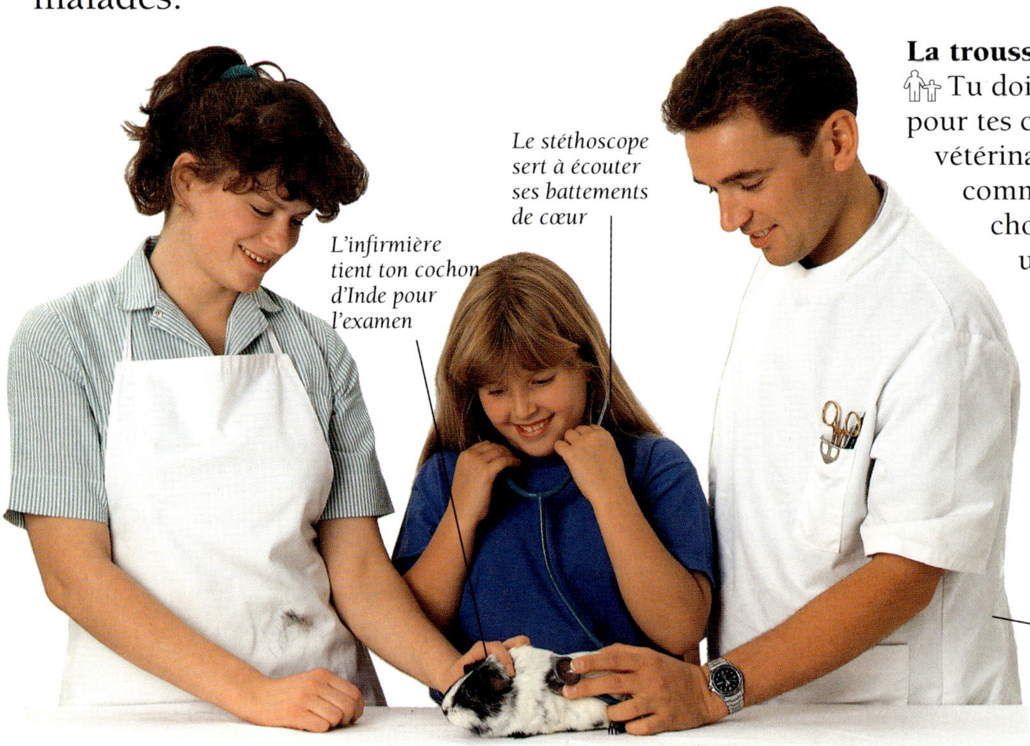

L'infirmière

Elle aide ton vétérinaire. Elle sait beaucoup de choses sur les cochons d'Inde. Quand tu te poses des questions, va la voir ou téléphone-lui.

Le vétérinaire

C'est lui qui pratique les examens de santé de tes cochons d'Inde. Si l'un d'eux est malade, il te dira quoi faire pour le soigner. Il te donnera peut-être des médicaments pour lui.

Fiche d'identité

Essaie d'écrire son journal de bord. Copie le haut de cette page ou inventes-en une toi-même. Ensuite, note tout ce qui concerne ton cochon d'Inde.

Laisse un espace pour coller une photo, ou bien dessine un portrait de ton cochon d'Inde. Note ensuite toutes ses caractéristiques.

Nom :

Date de naissance :

Nourriture fraîche préférée :

Meilleur ami :

Vétérinaire :

Infirmière :

Téléphone du vétérinaire :

Index